Tecedor de Palavras

Humberto
Ak'abal

Tecedor de Palavras

Ajkem Tzij

Poemas em português e quiché

Ilka Brunhilde Gallo Laurito
Tradução

Affonso Romano de Sant'Anna
Seleção dos Poemas e Prefácio

MELHORAMENTOS

Dados Internacionais de Catalogação na Publicação (CIP)
(Câmara Brasileira do Livro, SP, Brasil)

Ak'abal, Humberto, 1952- .

Tecedor de palavras / Humberto Ak'abal ; tradução dos poemas Ilka Brunhilde Laurito ; seleção dos poemas e prefácio Affonso, Romano de Sant'Anna. – São Paulo : Editora Melhoramentos, 2006.

Ed. bilíngüe: português/quiché.
ISBN 85-06-04905-9

1. Ak'abal, Humberto, 1952 – Crítica e interpretação 2. Índios da América Central – Guatemala – Cultura 3. Língua quiché 4. Poesia guatemalteca I. Sant'Anna, Affonso Romano de. II. Título.

06-5518 CDD-g861

Índices para catálogo sistemático:
1. Poesia : Língua quiché : Literatura guatemalteca g861

Humberto Ak'abal nasceu em Momostenango, Totonicapán, na Guatemala, no ano de 1952. Recebeu o Prêmio Internacional de Poesia Blaise Cendrars na Suíça, em 1997, e o Prêmio Continental "Canto da América", da Unesco, em 1998. Tem mais de dezoito livros publicados no mundo todo, tendo sido traduzidos para o inglês, francês, alemão, italiano, japonês, catalão, sueco e agora para o português.

Tradução: Ilka Brunhilde Gallo Laurito

Diagramação: Carlos Magno

1.ª edição, setembro de 2006

ISBN: 85-06-04905-9

Impresso no Brasil

Atendimento ao consumidor:
Caixa Postal 11541 – CEP 05049-970 – São Paulo – SP – Brasil

ORIGENS POÉTICAS

Affonso Romano de Sant'Anna

De repente levantou-se aquele poeta-índio da Guatemala, com uma bandana rodeando a testa e a cabeleira, camisa colorida, com ar de xamã, e começou a dizer seus poemas. Mais do que falar, ele entoava suas palavras. Entoava imitando pássaros e animais, fazendo sugestivos ruídos com a boca, misturando onomatopéias e discurso poético.

Nós outros, poetas turcos, franceses, brasileiros, alemães, canadenses etc. ou já tínhamos dito nossos poemas ou íamos falar ainda. Mas tanto os poetas no palco quanto o público ali na Feira de Frankfurt, em 2004, estávamos fascinados diante daquele poeta de raízes milenares expondo teluricamente seus sentimentos.

Pedem-me agora que selecione alguns poemas de Humberto Ak'abal para esta antologia bilíngüe, em português e quiché. Para lê-lo temos de mudar nossa perspectiva de recepção. Ele vem de outra tradição. Nada de Mallarmé, Baudelaire e outros ícones que marcaram tantos poetas ocidentais. É até um descanso encontrar um poeta com outra dicção, vindo de outra tradição, da poesia índia pré-colombiana, que confere seus sentimentos com os elementos da natureza e não da cultura. São as flores, os rios, são os pássaros, os animais domésticos e selvagens que compõem a referência anímica do poeta.

Se alguém dissesse que muitos desses poemas são "poemas infantis" estaria de alguma maneira certo, porque essa poesia "naive", nada pretensiosa, está ligada a outra sensibilidade cultural. Se alguém dissesse que a simplicidade desses versos lembra os hai-kais, não estaria de todo longe da verdade, pois o Oriente e o Ocidente se encontram em sua simplificada complexidade. Se outros dissessem que esses textos podem ser tidos como anotações líricas sobre a vida, também estariam certos.

O fato é que Humberto Ak'abal nos reensina a ver as coisas com palavras cotidianas. Às vezes surge um tom irônico e mordaz, mas em geral ele ressalta a delicadeza que lembra certas pinturas e desenhos primitivos.

As culturas indígenas da América têm, originariamente, um rico material literário. As tribos da América Central, que conheciam a escrita, deixaram textos clássicos, como se observa no México e na Guatemala. É dessa região o famoso poema "Popol Vuh", escrito em quiché, um autêntico repositório da sabedoria maia e fonte de poetas de ontem e de hoje. O "Popol vuh" ou "Livro da esfera", é uma espécie de narrativa mitológica, como se fosse o "Gênesis" dos índios maias. Mas Humberto Ak'abal, em vez de uma linguagem grandiosa ou épica, nos apresenta pequenas cenas do cotidiano indígena. E, ao apresentar seu texto também no original quiché, está reativando e reafirmando seu idioma original e sua cultura.

No Brasil, onde nossos índios não conheciam a escrita, a tradição era essencialmente oral. Foram os brancos sacerdotes e colonizadores que verteram os primeiros textos míticos dessas culturas. Felizmente, esforços recentes dos próprios índios têm ajudado na recuperação dessa literatura.

Sempre impressionou-me a observação do antropólogo Pierre Clastre de que o xamã guarani, ao amanhecer, se afastava da taba, ia para uma clareira na floresta onde sozinho entoava uma fala diferente da fala cotidiana, que se chamava "o grande falar": era um discurso no qual o poeta-índio reatava a história passada à presente. Ele se punha em contato com as forças cósmicas e míticas e cantava a vida de sua comunidade.

De fato, o poeta, quando realmente poeta, seja indígena ou não, é sempre esse xamã elaborando uma língua que, não obstante, estranha falar de sua tribo e por sua tribo.

Ak'abal une as pontas dessa tradição.

Sumário

Xpoqik

Xpoq ri atz'inowik
xa k'astajisaj ri jun mox
ri tajan kawar pa nujolom.

Xinok che ri atzukuxik
pa taq chupum b'e.

Kakib'ij chwe che xajaluj kotz'ij,
kakib'ij chwe che xajaluj aqaj.

Umal awe
Kin na'o che in, in wonon.

Estalo

Estalou teu silêncio
e despertaste o louco
que dormia na minha cabeça.

Comecei a procurar-te
por esses caminhos apagados.

Dizem-me que te tornaste flor,
dizem-me que te tornaste mel.

Por culpa tua
sinto que sou abelha.

Kinrayij

Ri e chikop kakib'an ri kib'ix
pa taq ri kirapinik
are jampa' kerapapik kekisinik.

Kinwil kiwech
kinterene'j ruk' ri nub'oq'och
k'a pa jawi' kak'is wi ri utzam b'atz'
ri kuya' ri nub'oq'och chike.

Kinrayij kimb'an tz'ikin
kinrapinik, kinrapinik, kinrapinik,
xuquje' kinb'ixonik, kinb'ixonik,
[kinb'ixonik
sib'alaj utz kinna'o we kinb'an ri nukis
puwi' kyeb' oxib' sataq
xuquje' nik'yaj sataq chik!

Quisera

Os pássaros
cantam em pleno vôo
e voando fazem cocô.

Fico vendo-os,
e os meus olhos os seguem
até onde termina a linha
que lhes dão meus olhos.

Como quisera ser pássaro
e voar, voar, voar,
e cantar, cantar, cantar
e fazer cocô – com vontade –
sobre alguns
e algumas coisas.

Waraj

Kintz'apij ri nu b'oqoch,
ri xi'r xki nimkib'
jumul chik
pa ri nu k'olib'al
xuquje kok che nu ch'itixik
ruk' ri kib'ixonik.

Kinna'o uk'ok'al k'isis,
uk'ok'al eucaliptos,
uruxlab' ixoq.

Kin tor nub'oqoch,
ke' q'ib'ke'n ri k'isis
xuquje ri eucaliptos.

Kinbisonik rumal xa kinyeko
ch'aqata'q ri man k'ota kuxlab'.

Vigília

Fecho os meus olhos,
os grilos entraram
outra vez
no meu quarto
e começam a incomodar
com a sua cantoria.

Chega a mim um cheiro de cipreste,
de eucalipto,
cheiro de mulher.

Abro os olhos
e desaparecem os ciprestes
e os eucaliptos.

Recolho com tristeza
pedaços que não cheiram a nada.

Tz'olq'omin b'e

K'o kuriqa'
kintz'olq'omij ri nub'e:
xa jewa' kinna'tisaj jun jasach.

Weta xata nutukel kinb'in chonuwach
kin kwin nek'uri kinb'ij chawe jas ri', ri
ucholaj ri sachib'al.

Che chi ek'olik, ek'olik

Cha qayakan ri alachi';
che chi k'o lab'aj,
ek'olik¡

Jun tinimit ri man k'ota ulab'aj
man qasta tinimit ri'.

Xane ku't
ri lab'aj
rajawaxik qas elab'aj.

Caminho ao contrário

De vez em quando
caminho ao contrário:
é a minha maneira de lembrar.

Se caminhasse só para a frente,
poderia contar-te
como é o esquecimento.

Que há, há

Vamos parar de bobagens,
que há fantasmas,
há!
Um povo sem fantasmas
não é um povo de verdade.

Contudo,
os fantasmas
têm de ser simples.

Maj pa q'ij

– Maj pa q'ij
rumal kin k'ixik.

Xqa k'am ri qab'e
xqa tzukuj ri siwan
ri jawi kub'an ri usok ri xe'qal
k'a xqariq ri umuxux.

Sib'alaj q'eq ri jun q'eq'umal.
Xane puneta jeri', ri ali
xu ch'uq ri upalaj ruk' ri upera'j.

Ri jun che' ri'

Pa ri q'apoj jelalaj ulew
k'o ri', ri che' re k'aslemal.

Man k'ota makaj,
man k'ota kamikal.

Man ke'tzaq ta ri', ri uxaq,
man ke' chaqija'r taj.

Kin chomaj
che ri jun che' ri'
xa re plástico.

De dia não

– De dia não,
porque fico com vergonha.

E começamos a caminhar
procurando o precipício
onde se aninha a noite
até encontrar seu umbigo.

Que escuridão mais escura,
e ainda assim,
ela tapou o rosto com sua manta.

Aquela árvore

No paraíso terrestre
estava a árvore da vida.

Não havia pecado,
não havia morte.

Suas folhas não caíam,
não murchavam.

Acredito
que essa árvore
era de plástico.

Kyeb' ub'oq'och

Kyeb' ub'oq'och
ri kaj.

Man kakwitaj karil ruk' ri kyeb',

ke'yowajik.

Kotz'i'j

Ri uxe' ri taq kotz'i'j
kikitaq ub'ixik chaqe
– kuk' kikotz'ij –
jas ri ucholaj ri ulew chupam.

Ri kotz'i'j ke'chaqijarik',
ke'kamik,
rumal cho wa uwach ulew
xa jun kisij ri k'aslemal.

Dois olhos

O céu
tem dois olhos.

Não consegue enxergar com os dois ao
[mesmo tempo,

se eclipsam.

As flores

As raízes
nos mandam dizer
– por meio das flores –
como é a terra por dentro.

As flores murcham,
morrem,
porque aqui fora
a vida é uma merda.

Aq'ab'al

Maj kasaqirisanik...
koq' ri ama'ak'.
¿Jawichi xb'ewi ri q'ij?

In kin oq'ik,
ri ama'ak' ke'b'ixonik
maj ka saqirisanik.

"Wene ri q'ij xub'an keb' uk'ux
rumal ri' maj kub'an q'ij wakamik".
– Chat waroq –, xub'ij ri nu nan chwe.

– ¿Jasache koq' ri ama'ak'
e man ka saqirisan taj?

– Rumal chweq
ka saqirisan zutz'.

Ri xe'qal k'a t'on
ri in, in ch'utin.

Aurora

Não amanhecia...
Cantavam os galos.
Aonde terá ido o Sol?

Eu chorava,
os galos continuavam cantando
e não amanhecia.

"Talvez o Sol se arrependeu
e hoje não vai haver dia."
– Dorme – disse minha mãe.

– Por que cantam os galos
e não amanhece?

– Porque amanhã
amanhecerá nublado.

A noite era jovem,
e eu era criança.

Ri nunonoch'

Are k'ut
xin na'o che al ri nunonoch'.

Xpe weyewal,
xin ch'a chire,
xin b'ij chire che itzel kinwilo
ri ujanalik che nuwech'ilaxik.

No'jim no'jim
ka ch'oknajik
ka nab'ejik:
job'
lajuj
o'lajuj
jun winaq re b'inem...
ka tak'ik.

Kul pa nujolom ri jun ali
ri kin nuruye'j
jela' pa ri nutinimit
rumal kuya b'is chire
are jampa kin nurilo
kin b'in
nutukel...

Minha sombra

De repente
sinto que minha sombra pesa.

Encolerizo-me,
reclamo,
grito-lhe que me aborrece
sua teimosia em acompanhar-me.

Pouco a pouco,
mancando,
adianta-se:
cinco
dez
quinze
vinte passos...
e pára.

Eu me lembro daquela garota
que sempre me esperava
lá no meu povoado,
porque a entristecia
ver-me
caminhar
sozinho...

Xinwesaj ri ab'i

Xinwesaj ri ab'i pa ri nujolom
xintzaq kanoq pa taq juyub'.

Ri kaqiq' xusik'o
xuquje xuk'am ube
pa taq siwan.

Sach ri' pa ri nujolom.

K'ate k'ut
xupotz'ij rib' cho ri tanatik
xtzalij ri', ri uxojlinik:

Ri jab' xok che ri oq'ej
ri ab'i koq'ik xtzalijuloq.

Tirei de minha cabeça

Tirei de minha cabeça teu nome
e deixei-o perdido no monte.

Recolheu-o o ar
e caminhou
entre os barrancos.

Eu comecei a esquecer.

De súbito
chocou-se contra os penhascos
e regressou no rebote.

A chuva se pôs a cantar,
e teu nome me chegou chorando.

Man ek'o taj

Ri chikop man e k'o taj,
xkawaj kib' pa ri wanima'.

Wa kamik in mulkan chikop.

Sib'alaj ki'

Xa kab'ixik che
are jampa' ri ama'ak' xoq'ik
oxib' mul.

Ri jun a Lu'
xoq'ik, jun oq'ej k'a.

In kinrayij kinwe'tamaj
jas ri' ri ub'anik
jun oq'ej ki'.

Não estão

Os pássaros não estão,
se esconderam no meu coração.

Hoje sou ninho.

Docemente

E contam
que, depois que o galo
cantou três vezes,
um tal de Pedro
chorou amargamente.

Eu quisera saber
como se chora
docemente.

Ki' uwi' ch'ich'

Iwir xinwach'ik'aj wib'
che ri in, in uq'ab' che'.

Jun b'ixonik,
jun usok chikop,
jun tz'ikin.

Ri koq'ej ri chikop
man kerijob' taj.

Ri are ri',
sib'alaj ki' uwi' ch'ich'

pune ta kinnusoko,
ruk' jamaril
kel kik' che ri wanima'.

Gume doce

Ontem à noite sonhei
que era ramo de árvore.

Um canto,
um ninho,
um pássaro.

O canto dos pássaros
não envelhece nunca.

E aquele
de doce gume

quanto mais me feria
com mais amor
me sangrava a alma.

Uk'isb'al tz'ok

– Kinrayij kintij ri achi', xinb'ochij,
pa ri xe'qal re ri jun domingo ri'.

Je kawachin k'oxob'
ri axere,
xuquje xat tze'n injub'iq.

Xa injub'iq che ri utz'ok b'e.
Re ri jun b'e cho ri jun tanatik,
xinach'ab'ej
su xinoq'ik rumal xinki'ko'tik.

A última volta

– Quero comer tua boca – disse-te,
naquela tarde de domingo.

Tuas bochechas se tornaram
cor de urucum
e meio sorriste.

Antes da última volta
do caminho sobre o penhasco,
ergueste tua mão
e eu chorei de contente.

Sib'

Man xana'ta ri' are jampa xat jet wuk'
xuquje man xin na'ta ri in.

¡Way! xa xi'j awib' rumal innutukel,
jun b'e ri kujeq utzan pa nub'oqoch
ri kak'is k'a chupam ri wanima.

Mulaj re patz'an cho ri ulew,
maj jun rex,
sib'alaj naj,
xib'inaqil nutukel.

Are jamp'a xin ka'yik
Xat jaluj sib'.

Fumaça

Tu te aproximaste sem saber,
e eu, sem sentir.

Ah! Assustou-te a minha solidão,
um caminho que começa
[nos meus olhos
e termina bem dentro do meu coração.

Campos com montões de restos,
nem um só verdor,
terrivelmente longo,
espantosamente solitário.

Ergui os olhos,
e te transformaste em fumaça.

B'isonik

Are jampa man xojb'in ta chik
cho ri jun uq'ab' b'e...

La kulk chawe
ri kich'opinik ri chowix?

Sib'alaj xulatz'uj rib',
rumal wa'
xa jun b'is ka ok'ow chi chila'.

Ri tem

Ruk' ri uch'ab'alil
re q'el tz'alam,

ri tem kutzijoj chwe
are jampa in inch'utin
xinkub'i
cho ri uch'ek ri nu tat.

Kosinaq chik,
rumal ri ra'lal ri man k'otachik
ri tem kub'an mu'q.

Suspiro

Desde que deixamos de caminhar
por aquele caminho de ferradura...

Lembras
como saltavam os *chowix*?

Estreitaram-se tanto, tanto
que agora
somente cabe um suspiro.

A poltrona

Com sua voz
de madeira velha,

a poltrona conversa comigo
sobre quando eu era pequenino
e me sentava
sobre as pernas de papai.

Cansada
com o peso de sua ausência,
a poltrona se caruncha.

Chowix: pássaro
da região da
Guatemala.

Nuyuj nuyuj

Uw'al tzamiy,
uwa'l areweno.

Yewab' ri alaj ak'al:
way, way, way...

Atin re pomache',
atin re lemob'.

Ri alaj ak'al koq' ta chik:
nuyuj, nuyuj, nuyuj...

Uwa'l limón,
uwa'lkanela.

Ri alaj ak'al kuchap tze'nik,
k'ate k'uri' kok che ri etz'anem.

Nuyuj nuyuj

Chá de camomila,
chá de hortelã.

O menino está doente:
ai, ai, ai...

Banho de murta,
banho de amieiro.

O menino deixa de chorar:
nuyuj, nuyuj, nuyuj...

Chá de limão,
chá de canela.

O menino começa a rir
e volta a brincar.

Ri itzinel

Xwulijik b'ik
jeta ri xtzaqtari
ri jun mulaj re si',
oq'ej ke ak'alab',
ch'ich' katartatik...

– In k'o chi ri',
jas ki waj chwe?

Xinna' jun nima xib'inaqil
ri su xpe jun ch'o'kej chwe.

Xe'wu'n ri tz'i,
oj k'o pa q'equmal.

Ri itzinel xuch'ab'ej
ri uruxlab' ri jun kaminaq.

O Zajorin

Barulho
como a queda
de uma carga de lenha,
choradeira de meninos,
barulho de latas...

– Aqui estou,
para que me querem?

Senti um medo tão terrível,
que até tive cãibras

Os cães latiram,
estávamos no escuro.

O *Zajorin* tinha invocado
o espírito de um morto.

Zajorin: Deus
quiché; advinho,
xamã.

Wa jun, ri jun chik

Ri jun xub'ij,
– kub'ij ri tzij
itzel winaq ri reta'm
ri xa man kub'antaj.

– Bah!, xcha' chi ri jun,
xab'an itzel awib'.

Pajanik tzij

"Kinkoj
wa jun sipanik cho ak'ux
rumal sib'alaj at sak'aj
che ri xik'anik',
kinya jun utzil awech".

Ri aj q'atb'al tzij re ri tinimit
xuq'aluj ri ala.

Ri jun xik'anem
re lajuj lew
xb'an pa taq chaq'ab'.

Ri sipanik:
xb'an pa nik'aj aq'ab'.

Um e outro

Um insiste:
– Diz a palavra:
"maldito aquele que sabe
e não o pratica".

– Bah! – disse o outro –
já te ferraste.

Discurso

"Ponho-te
esta medalha no peito
porque és rápido
para correr,
parabenizo-te."

O prefeito do povoado
abraçou o rapaz.

A corrida
foi de dez léguas
na escuridão da noite.

A premiação:
à meia-noite.

Che jujun

Kasaqirisanik.

Ri q'ij kutij ri mayul
xuquje' kuchap ri tz'ajanem
re taq b'e,
k'achelaj,
intaq ja,
awaj,
winaq...

Che taq jujun
kukoj unonoch'.

Q'eq ik'

Are jampa' kojk'oji'k
k'o jun q'eq ik'
tzanqachaq.

Are jampa' kopan ri q'ij
jun q'eq b'alam
kutijo.

Nijun kuril wa',
xa kuna' Jun are jampa'
ri awaj kuriq' ri tzanrachaq jun.

A cada um

Amanhece.

O Sol come a neblina
e começa a pintar
caminhos,
árvores,
casinhas,
animais,
pessoas...

E a cada um
lhe põe sombra.

Lua negra

Nascemos
com uma luazinha negra
nas costas.

Chegado o tempo,
um jaguar negro
a come.

Ninguém o vê.
Só se percebe quando
o animal nos lambe.

Chunan

Iwir, xmuq ri kaminaq.
Kamik, kachunax ri ja.

We katzalijik uloq
man kuriq ta chi ri', ri ub'e.

Ri usaqil ri chun,
chi uwech ri usaqil ri ik',
kumoyij ri kib'oq'och ri kaminaqib'.

Xib'inel

Ri jun me's kapetik
kuk'ut rib' pa xeq'al.

Kujuxib'ij!

Katze'nik,
kajajatik.

Ri jun me's ri' man kub'ijta *naw*.

Kuwa'lajisaj ri raqan k'o chuwech
xuquje' kub'ij ch'ab'ej chik.

Are' jun xib'inel ri',
jun lab'aj, jun sub'unel.

Caiação

Ontem, enterro do morto.
Hoje, caiação da casa.

Se retorna,
ele já não encontrará o caminho.

A brancura da cal,
ao luar,
cega os olhos dos mortos.

Espírito mau

O gato aparecia
à noite.

Assustava!

Ria,
gargalhava.

Esse gato não dizia "miau".
Erguia uma das patinhas dianteiras
e dizia adeus...

Era um espírito mau,
uma assombração.

Ri tow ali

Ri ranima'
kub'an nim, kub'an ch'utin.
Ri ali kurawaj rib' pa ri b'anb'al wa;
sib'alaj sib' kub'an ri jun utza'n si'.

– Che janipa' junab' kawaj?
– Pa ronojel nuk'aslemal kinwaj:
kinwaj che wixoqil.

– Qas chachomaj nojim,
kaqaya' jun junab' chawe;
we pa ri jun junab' ri'
man elinaq ta pa ri ak'ux, kaqaya' chawe.

Kuxut'ij ri q'aq' ri ali,
koq' rumal ri sib'.

– Xepe winaq che ata'ik.

Ri ali xuxi'j rib'
xa reta'm ri', jachin ri ala.

O pedidor

Seu coração
se engrandece e se apequena.
Ela se esconde na cozinha;
um tição fumega.

Por quanto tempo a queres?
– Por toda a vida:
quero-a para minha mulher.

– Pensa bem,
te damos um ano de prazo;
se ainda sentires o mesmo,
[nós a damos a ti.

A moça sopra o fogo
os olhos lacrimejam pela fumaceira.

– Vieram pedir tua mão.

Ela fez cara de assustada,
mas já sabia quem era.

Waram

Ronojel aq'ab', chaqab'
are jampa' kinwarik,

kinyak jun ja.

Xakinwaj

Xakinwaj

kinwil jub'iq ri uqajib'al q'ij
xa re kintzijon ruk' ri ali,

kaqak'u' qib' chirij jun che',
kinwaj kinb'ij che chi man kinq'i' ta chik
chi kape wuk' kamik

xakinrayij kinya'o
jun ija' chupam.

Sonho

Todas as noites,
enquanto durmo,

construo uma casa.

Somente quero

Somente quero
um pouco de entardecer
para conversar com ela.

Escondidos atrás de alguma árvore,
dizer-lhe que já não agüento mais,
que venha viver comigo

que tenho desejo
de lançar-lhe uma semente.

Ali ajyuq'

Xinjaluj chij pa ri ab'oq'och;

je'lajaj ali ajyuq',
pa ri a kayem xtak'i
ri ujorerem ri juyub'.

Q'apoj je'lalaj ulew

Chi ri', ri q'apoj je'lalaj ulew.
Ixim, triko, kinaq
man k'o ta jun q'ayes ri mataqe,
ri kumätz e men.

Je'Iik ch'umil, Kowilaj che'
kikimatzej kib' cho ri rex q'ayes
kikich'uq kib' ruk' ri kaj.

Xopan k'ulo jun q'ij
xe' ch'aw ri kumätz.

Man xtij ta chi ri uwach taq ri che'
xkijach chi kixo'l
ri q'apoj je'lalaj ulew.

Ovelheira

Vi-me ovelha em teus olhos;

bela pastora de ovelhas,
em teu olhar deteve-se
o frescor das montanhas.

Paraíso

Aqui era o paraíso.

Milho, trigo, feijão,
não havia fruto proibido,
as cobras eram mudas.

Je'lok ch'umil e Kowilaj che'
faziam amor sobre a grama
e se cobriam com o céu.

Até que falaram
as serpentes.

Proibiram os frutos
e repartiram entre si
o paraíso.

Ri q'ij

Ri q'ij
kunim rib'
chi uxo'l ri xot

ruk' ri ujanalik
xa karaj kurilo
jas k'o chupan
re ri qachoch

ka saqmaqi'k
are jampa' kurilo
ruk' ri uchaj, ri usaqil
che sib'alaj saq
ri qameb'ayil.

O Sol

O Sol
penetra
entre os telhados,

com essa obstinação
de olhar
o que há
dentro de nossas casinhas,

e fica pálido
ao ver
que com sua luz
é mais clara
a nossa pobreza.

Nab'e utza'm

Are jampa' xjeq' ri uwach ulew,
k'o sib'alaj k'i kiwach ri kotz'i'j
e k'o cho ri juyub', cho ri siwan.

Ri achi kujab' ri ub'is
cho ri k'otz'i'j ri k'o cho uwach ulew
chi xaq utukel.

Kawar ri kotz'i'j cho ri ranima'.

Ri Ajaw xel uk'ux che are',
xuya' ri urixoqil.

Xukoj jun uq re mix che
jun po't re ranta,
xukoj ri chächäl pa ri uqul
Je'lik ch'umil, ri ub'i xuya'o.

Ri ali xtz'enik
chi uxol rex taq abix.

Gênese

No princípio:
gerânios, dálias, rosas
povoavam vales e colinas.

O homem
deitava nelas
sua solidão.

Acalentava-as junto
ao seu coração.

Enternecido, o Criador
fez a mulher.

Vestiu-a com saia
e blusa de renda,
rodeou seu pescoço com um colar...
e chamou-a Je'lik'ch'umil.

Ela sorriu
entre matas de milho verde.

Ri ali

Junam ruk' ri ik'
chirij taq che',
sib'alaj je'lik,
jeri ri', ri ali',
man kub'an ta nimal, man kach'aw taj;
maj uxajab' junam ruk' ri nub'is.

Q'eq ixim ri ub'oq'och.

Xuk'amuloq ri saqirisanem,
xuk'amu b'i ri xe'qal.

Xuquje' ri kaj
xutzuj ri je'l ali.

Ela

Como a Lua
atrás dos eucaliptos,
galante e formosa,
assim era ela,
humilde, singela, calada,
descalça como a minha tristeza.

Seu olhos, pequenos milhos negros.

Trouxe-a a manhã,
levou-a a tarde.

O céu também
enamorou-se dela.

Ri wanima'

Kaxojow ri wanima'
are jampa' katok'ow chinuwach.

Kinjaq ri nuxa'
rech kawilo
kab'irb'at ri wanima',

ri at kachomaj
che k'o chi ucholaj ri kinb'ij.

Ajkampana

Are jampa' ka'ok'ow ri ali
cho ri tyox

ri ajkampana
aninaq kapaqi chuwi' ri tyox,
kub'ochi'j ri ali, ruk' ri uch'ab'al ch'ich':
tangalana, tangalana, tangalana,
[tangalana...

Meu coração

Meu coração dança
cada vez que te vejo passar.

Abro minha camisa
para que vejas
como pula.

E tu crês
que é para outra coisa.

O sineiro

Cada vez que ela
passava em frente à igreja,

o sacristão
subia ao campanário
e a cortejava com voz de bronze:
tangalana, tangalana, tangalana,
[tangalana....

Ri tz'ikin ri man k'ota uxik'

Q'equn ri xe'qal,
naj unimal,
nim upam.

Xwi ri q'eq'umal k'o wi ri karaj
ri kakwin kujet ri silob'em naj
xuquje' kunimarisaj ri ch'utin.

Xqaj ri jab'.
Pa xoqol kinwolqotij wib'.

Ri nuchomab'al
katzalij chirij, katzalij chirij
kutzukuj ri wanima' re ak'al,
(ri q'equmal
kakuwinik kub'an wa').

In, in chikop ri man k'ota uxik',
man kintzaq taj
rumal kinchap wib' pa ri kaqiq'.

Pássaro sem asas

Noites escuras,
fundas, fundas,
profundas.

A escuridão tem o encanto
de aproximar ruídos longínquos
e aumentar os pequenos.

Choveu,
me encharco.

Minha memória
recua, recua
até encontrar minha alma de menino.
(A escuridão
se presta para isso.)

Sou um pássaro sem asas
e não caio
porque me seguro no ar.

Jitz'am

Xurilo are jampa' ri me's xutij ri jun xtu'x
– katoj na wa'– xcha che.

Are jampa' xbe ri, ri me's xokuloq: *naw*
(Ri me's kub'ij *nan*).

Xukoj jun kolob' chirij ri uqul
xuxekeb'a che ri jun uq'ab' ri ch'ojob'.

– Man ka b'anta Ia che ri inawaj;
man ama' ta ri, xa ati't, yowab' me's chik
rumal ri xutij ri jun äk'. Turu la.

Ri chichu' xutur ri awaj
man xkam ta ri me's.

Pa ri xe'qal, chaq'ab' xek'oji ri ral.

Enforcado

Viu quando o gato perseguiu o frango
– Me vais pagar!

Na tarde
o animal entrou saudando – miau
(para nós os gatos dizem "não").

Ela lhe pôs um laço ao redor do pescoço
e o pendurou no ramo de *chilca*.

– Não lhe faça isso, esse gato não é macho;
é fêmea, deve estar prenhe,
por isso comeu o frango. Desamarre-o.

A senhora desamarrou o animal.
Não havia morrido.

De noite pariu gatinhos.

Chilca: arbusto comum nas zonas montanhosas de toda a América.

B'is, nataj

Jela' naj
Ri ub'is ri jun ama' masat.

Ri ixb'e q'ij xwulijik,
kak'is ri q'ij.

Xkam ri urixoqil ati't masat.

Ri nuxik'

Ri in kintowij ri nuxik'
kinka'yej ri kaj,
katze'n ri nunan;
oj k'o chi uchi'
jun siwan.

Xa kinwaye'j injub'iq'
che ri kinrapapik kinb'ek.

Lamento

Lá ao longe
o lamento de um cervo.

A tarde cai,
o dia deixa de existir.

Sua fêmea morreu.

Minhas asas

Eu sacudia minhas asas
e olhava o céu,
minha mãe ria;
estávamos à beira
[de um precipício.

Eu esperava o momento
de lançar-me a voar.

Uje' qajib'al q'ij

Kijnxik'anik,
kinxik'anik
xinrayij xichap ta k'ulo
ri uje' ri q'ajib'al q'ij.

Man xinkuwintaj,
xintzaqik rumal ri kosinaqil.

Janik'
janipa' b'enaq che ri aq'ab'
are jampa' xink'astajik.

Je in k'o moy, nojimal, nojimal
xintzukuj ri nub'e.

Che utzukuxik ri nub'e
xinb'in chuchi'
ri saqirisanem.

A cauda da tarde

Correndo,
correndo
quis agarrar
a cauda da tarde.

Não consegui alcançá-la,
e o cansaço me prostrou.

Sabe-se lá
em que altura da noite
despertei.

E tateando, tateando,
procurei o caminho de volta.

Para orientar-me um pouco
caminhei pela margem
da madrugada.

Xa reta'm wa'

Ri kaqiq' man kakwin taj
kuq'atej jun achik'.

Ri xe'qal kub'an saq
che ri chomab'al.

In, chi' kinel wi,
xa are wa'
jela' kinchoman wi...

Ureta'm wa', ri nutinimit.

Chi naj, chi naqaj

We e naj
ri kitzij ri juyub'
are rexroj.

Are we naqaj,
ri kitzij are rex.

Ele sabe

O vento não pode
interromper um sonho.

A noite se ilumina
para o pensamento.

Eu moro aqui,
mas penso
acolá.

E meu povo sabe disso.

De longe e de perto

De longe,
a voz das montanhas
é azul.

De perto,
é verde.

Muxux

Ri q'ij
are ri', ri umuxux paq'ij,

ri ik'
are ri', ri umuxux chaq'ab'.

K'ix

Ri utza'm
ri ujuluwen ri q'ij
k'o k'ix che.

We kawilo kana'o
chi kaq'aq'an ri ab'oq'och
kusok ri ab'oq'och...

Are k'ut jun koqik.

Umbigo

O Sol
é o umbigo do dia.

A Lua,
o da noite.

Espinhos

As pontas
dos raios do Sol
têm espinhos.

Se ficas olhando-os
sentirás
como picam os olhos...

E choras.

Pa ri juyub'

Masat, imul,
q'uq', tukumux
kolob' q'ayes, kotz'i'j, alaj taq che'.

K'ul re rismal chij.
Kem re aj chiwitz'aq'.

We katwar chupan wa k'ul ri'

kana' nek'uri che tajan
katwar pa ri juyub'.

No monte

Veados, coelhos,
quetzais, pombas,
cipós, flores e arbustos.

Ponchos de pura lã de bode.
Tecidos *momostecos*.

Sonhar envolvido por eles

é como se adormecesses
no monte.

Quetzal: ave da
América tropical.
Momostecos:
da região de
Momostenango
(Guatemala).

Jab'

Iwir xinriq jun sutz' tajan koq'ik.

Xub'ij chuwe, chi
xuk'amu b'i ri ujab' pa ri, tinimit,
xtzaq k'ut chila, man xuriq ta ub'e.

Xutzukuj je'lalaj k'achelaj,
xane ri nim tinimit ubiq'on chik.

Maj uxajab', kab'isonik,
utukel xtzalijik uloq.

Xutzoqopij ri jab' pa ri juyub',
ri xar, ri ch'ok,
xkib'an nimaq'ij.

Xeb'ixon ri xpeq.

A chuva

Ontem encontrei uma
[nuvem chorando.

Contou-me que havia levado sua água
[à cidade
e se perdera.

Procurou paisagens,
e a cidade as havia engolido.

Descalça, triste e sozinha,
regressou.

Voltou a chover no campo;
xaras e *sanates*
festejaram.

E cantaram os sapos.

Xaras e sanates:
pássaros da
região de Quiché
(Guatemala).

Ri oq'ej

Man katani ta ri uroq'ej.
Jasa k'o che?

B'oq'och xya wa' che
wene' k'o jun xril, xraj pa ri b'e,
– xub'ij ri nimalaj chichu'–
kakunax na wa'.

Uxaq rora'
xuquje' injubiq' tzam.

Are jampa' tajan kujik chirij,
cho uwech, cho uk'ux;
kuyaj ri itzel b'oq'och:

Chatel uloq', chatel uloq,
chaya kan we alaj ak'al.
Ah, ah, ah!
Ójala, ójala, ójala!
Jat, jat, jat...

Kuropij, kuxutij jub'iq tzam
tzanrachaq.
Kuya' ri rora pa q'aq'
we kapoq'ik
xa are boq'ochaj la'!

Choradeira

Era uma choradeira sem fim.
Que teria acontecido?

– Mau-olhado lhe puseram,
alguém o invejou na rua
– disse a velhinha. –
Há que curá-lo.

Folhas de arruda
e um gole de aguardente.

Enquanto lhe esfrega
pela carinha e o peito,
a sombra má esconjura.

– Sai, sai,
deixa de aborrecer o garotinho.
Ah ah ah!
Sai sai sai,
jat jat jat, vai embora, vai embora.

Sopra-lhe um bocado de aguardente
nas costas.
Joga as folhas no braseiro:
se ao queimar crepitarem,
é porque era mau-olhado!

Ri q'a'm

Je kape jun k'ab'alik chi'aj
– ri siwan –
jeta xa karaj kub'iq ri kaj.

– Xe'petik! xe'petik...!
– ri waq'aq'em ke ri ak'alab'.

Achijab' xuquje' alab'om
kikichararej jun nim ukutam k'isis
ri man k'o ta rij, man k'ota uq'ab'.

Ke'jajatik, ke'kasowik, kikiraq kichi':
chila', chila', chila'!
chiya che, chiya che, chiya che!

Kakich'uq' ri uchi' ri siwan.

Kil na ri,
ri je'lalaj kapetik ri jun q'a'm!

A ponte

Parecia uma bocarra aberta
– o precipício –
como querendo engolir o céu.

– Já vêm, já vêm!
– o alvoroço da criançada.

Homens e garotos arrastando
enormes ciprestes mancos
e despidos de sua cortiça.

Gargalhadas, berros, gritos:
ai! ai! ai!
vai! vai! vai!
E tapavam a boca do precipício.

Havia que ver
a beleza daquela ponte!

Jalajoj ub'ixik

Pa ri qatzijob'al,
kaqab'ij
maj unan.

Ri kaxlan taq winaq kakib'ij
hijo de la gran puta.

Ixb'e' q'ij re junio

Are jampa' ri nutat xuxlanik
pa ri jun qajib'al q'ij re junio
re ri jujun taq junab'
ri naj tajan kakanaj wi

are k'u ri nunan xub'an ixoq achi.

Diferenças

Em nossa língua dizemos
maj unan
(não tens mãe).

Os castiços dizem
grande filho da puta.

Tarde de junho

Desde que meu pai descansou
naquela tarde de junho,
faz um ano que cada vez
está mais longe,

minha mãe assumiu o papel dos dois.

Ajetamanel

Are chi' xaq jampa'
kape ri jun rayinik che tz'ib'anik'
man xata rumal weta'm,
xa rumal chi kinb'ano
[kinturu kinmalama'
xa jewa wa' kinwetamaj
kinchap jub'iq ucholaj wa jun chak ri'.

Ri le'anik,
ri juyub',
ri siwan,
ri ojer taq tinimit
k'o ki je'lalaj keta'm ri man kakib'ij taj
rumal ri', kinrayij
kinwesaj uloq pa ri wa'katem,
pa taq ri usaq wuj.

Wa jun je'lik chak ri',
kinchakuj puwi' k'isb'al taq q'ij,
xa ta ne k'ex kinna'o

xa man jamal ta nuwech pa ri q'ij.
(Rajawaxik kinchakun
[che ri uch'akik ri nuwa.)

Ri nutz'ib' e ch'aqalik rumal ri jab'
rumal ri rex ja'
xa rumal ri', k'amon uloq pa taq ri juyub'.

Aprendiz

Nesses ímpetos
me surge a vontade de escrever;
não porque saiba, senão
porque fazendo-o e desfazendo-o
é como aprendo esse ofício e,
por fim,
algo vai ficando em mim.

As encostas,
os morros,
os precipícios,
os velhos povoados
têm segredos encantadores,
daí o meu desejo de levá-los a passear
em folhas de papel.

Esse belo ofício tenho de tratá-lo
como supertarefa, ainda que me doa,
porque não conto com o tempo de que
gostaria.
(Devo trabalhar em outra coisa para
[sobreviver.)

Meus versos têm a umidade da chuva,
ou as lágrimas do sereno, e não podem
ser senão assim, porque foram
[trazidos da montanha.

Uq'ab' b'e

Ri uq'ab' b'e re ri nutinimit
kub'atz'ij rib' chirij
ri uraqan jun.

Wa'im

– Utz wa' che ri ajolom
xa jewa' man kat moxir taj:
piloy pa pol ik.

– Utz wa' che ri awanima'
xa jewa' man katb'ison taj:
sub' ruk' ukotz'ijal mukun.

– Utz wa' che ri uximik ach'uq'ab'
xa jewa' man kasutin ta awach pa ri
[achak
lej ra q'an ixim.

– Ruk' injub'iq' kaqiq' re aq'ab'
rech kuya' ri akikotemal.

Veredas

As veredas do meu povoado
enredam-se
entre os nossos pés.

Menu

– Isto é bom para tua cabeça,
assim não enlouqueces:
feijão com pimenta.

– Isto é bom para o teu coração,
assim não entristeces:
empadas com flor de abóbora.

– Isto é bom para te fortaleceres,
assim não desfalecerás no trabalho:
pão de milho amarelo.

– E um pouco do ar da madrugada
para ficares contente.

Tum ab'aj

Pa ri nutinimit k'o jun nim ab'aj,
Tum ab'aj, ub'i.

Ri q'ij xuquje' ri ik' kakichajij.

Man men taj ri jun ab'aj
xa are jun tum ab'aj.

Lik'il jun rexrox chirij
rachaq ixpeq kojcha oj che.

Jun b'e, jun nima'
are k'u ri ab'aj k'o chiki'xo'l.

Ri man keta'm taj
ke ok'ow chuwach maj kakib'i'j che.

Ri nima'q winaq
ketak'i cho uwach
kakiporoj kach q'ol chuwech
xuquje' kantela', raxkab'.

Are jampa' kaqaj ri jab' ri ab'aj koq'ik:
tum, tum, tum, tum...

Tum ab'aj

No meu povoado há uma grande pedra
chamada Tum ab'aj.

O Sol e a Lua tomam conta dela.

Não é uma pedra muda,
é um tambor de pedra.

Cobre-a uma penugem
que nós chamamos de cocô de sapo.

Um caminho, um rio
e a pedra no meio.

Os que não a conhecem
passam ao largo sem se importar
[com ela.

Os velhos, não;
eles se detêm,
para ela queimam incenso,
velas e mel.

Quando chove, a pedra soa:
Tum, tum, tum, tum...

Ri ch'umil

K'ojom ri uwach nuch'ek
xuquje' tzanwachaq re nupantalon
– ch'anal, xuquje'
raq'rob'inaq ri wanima'–,

kinaq'an chuwi' ri ch'ulte'
re ri jun ch'ima.

Najtir najtari' ri'
are chi' ri kaj
man naj ta k'owi jacha' wakamik.

In kinch'up ch'umil

xukuje' kintijo.

As estrelas

Remendos nos joelhos
e atrás das calças
– nua e rota a alma –,

encarapitado sobre a cerca
de um chuchuzeiro.

Naquele tempo,
quando o céu
não estava tão longe como agora,

eu cortava estrelas

e as comia.

Ajanel juyub'

Ri ajanel juyub'
ku b'an ri uja
pa ri ukuta'am jun lemob'.

Rumal maj ka kwin koq'ik,
ku tzukuj ri uqab'che' kut
ruk' ri utzam ku tonota'
ri che' koqik
je ka pe jun tum:
k'uptummmmmm
k'uptummmmmm
k'uptummminm...

Ri tuktuk
sib'alaj sak'aj.

Pássaro carpinteiro

O carpinteiro do monte
constrói sua casinha
no tronco de um amieiro.

Como não pode cantar,
procura as ramas curtas
e com seu bico as toca,
e a árvore ressoa
como se fosse um tambor:
k'uptummmmmm
k'uptummmmmm
k'uptummmmmm...

O pássaro carpinteiro
é muito esperto.

Ri qati't

Kachapletaj ri chaq'ab'
are jampa' ri ik'
– qati't ri tinimit –
kel uloq ruk' ri ukantela re chun
kusaqirisaj ri tz'inowik.

Ri xe'qal
kurawaj rib'pa taq siwan,
ri e chikop
ri kakitumij ri kib'ixonem
xuquje' ri che'
ke'q'oyi' puwi' ri kinonoch'.

Ri qati't
ri man warinaq taj
kunim rib'
cho ri ub'oq'och ri xe'qal.

A avó

A noite começa
quando a Lua
– avó dos povoados –
sai com sua candeia de cal
iluminando o silêncio.

A escuridão
se esconde entre os barrancos,
os passarinhos
arrulham cantos
e as árvores
se deitam sobre sua sombra.

A avó,
com sua dedicação de séculos,
submerge-se
nos olhos da noite.

Xuquje' maj

Etz'apil ri uchi'ja
xuquje'ri ub'oq'och ja.

Jawi' chi' xok wi?
Janik'.

Are che xokik qas xokik.

Xk'atik ri chaj k'ota xqilo.

Xqana'o chi k'olik
kuya' xib'inaqil chaqe
ri jun jamal tem.

Ri sub'unel, lab'aj xtze'nik.

E nada

As portas estavam fechadas,
a janelinha também.

Por onde entrou?
Quem é que sabe?

Mas que entrou, entrou.

Acendemos a candeia e nada.

Sentíamos sua presença
e nos atemorizava
a poltrona vazia.

O espanto riu.

Ri ch'anal che'

Xink'am wanim
xinb'ij che ri nunan
che ri jun uche'al ri tura's
tajan koq'ik.

Ri nunan xtze'nik:
xa tajin kujal ri ratz'iyaq
xcha chuwe.

Ri uche'al ri tura's
tajin kutzaq ri chaqi'j uxaq.

Chaj

Juntira xuporoj rib'.

K'a maq'in, kak'at na ri chaj,
kabixon ri kaqiq',
katzukunik
xareta'm che chila' xk'oji wi jun q'aq...

A árvore nua

Corri a dizer
a minha mãe
que o pessegueiro
estava chorando.

Ela riu:
está só trocando de roupa.

O pessegueiro
deixa cair suas folhas secas,
a poltrona fica roída de traças.

Cinza

E tudo se consumiu.

A cinza ainda queima,
o vento chora,
procura,
sabe que ali houve uma fogueira...

Aj aqajtzij

Ri aj aqajtzij
xa junam ruk' ri wonon:

nik'yaj chik kikitij ri kichak.

Kamik

Are jampa' xink'astaj mer
man xinriq ta wib'
xinel k'ut che nutzukuxik wib'.

Xinb'inib'ej b'e xuquje' uq'ab' b'e
k'ate ri xinriq wib'

int'uyul puwi' jun tanatik re q'ux
chuxe' taq ri sib'alaj k'isis,
kintzijon ruk' ri mayul,
kinwaj kinsach pa nujolom
ri man kab'an ta kwinik che.

Chuxe' ri waqan,
uxaq che', xwi uxaq che'.

Os poetas

Os poetas
são como as abelhas:

outros consomem o que produzem.

Hoje

Hoje amanheci fora de mim
e saí a buscar-me.

Percorri caminhos e veredas
até que me encontrei.

Sentado sobre um tapete de musgo
ao pé de uma mata de ciprestes,
conversando com a neblina
e procurando esquecer
o que não posso.

A meus pés,
folhas, somente folhas.

Cho ri ulew

Ri ik'
kutzukuj jun jül
pa taq xan ja,
kokb'ik
kakub'i cho ri ulew.

Pa ri kitzijob'al

Pa ri kitzijob'al
re ri ri'j taq che'
kinch'ob' ri kitzij ri wati't numam.

Man kewar taj,
ri kiwaram k'o chuxe' ri ulew.

No solo

A Lua
procura um buraco
na casa de adobe,
entra
e assenta-se no chão.

Nas vozes

Nas vozes
das velhas árvores
reconheço as dos meus ancestrais.

Sentinelas de séculos,
seu sonho está nas raízes.

Chikop re tinimit

K'i q'ij katin wilo
xa are man inawilom taj.

Xa ne are e k'i ri katkilo
ruk' ri jela'loj kib'oq'och,
ri jalajoj taq kekayik,
katkil ruk' k'wi ucholaj chomanik chik.

Ri nub'oq'och xa are elinaq kiwaram
ub'oq'och chikop re tinimit,
je kawachin xoq'ol,
xa ub'oq'och winaq re juyub'.

Jela chaqa xo'l (kuk' nuwinaqil)
xa junb'oq'ochaj rajawaxik:
la kawaj, la man kawaj taj.

Xa are awuk'
keq'aq'an chi nub'oq'och che
[awilachixik
maj ri retal awuk'.

Pássaro do povoado

Eu te olhei muitas vezes
e nem prestaste atenção.

Com certeza outros te vêem
com belos olhos
de outras cores,
com outros olhares.

Os meus são olhos de dedicação.
olhos de pássaro de povoado,
olhos cor de lodo,
olhos de índio.

Entre nós (lá na minha gente),
um olhar é suficiente:
sim ou não.

Mas contigo,
ardem-me os olhos de tanto mirar-te

e nada...

Katinwaj

Katinwaj
Jeri najtir,
su najtir ri',
wene man junamta ruk' ri najtir.

¿Che in mox?
Wen'e.

Ri jun winaq ri utz ujolom
man katuloq'aj ta ri'.

Jelik ali

Jelik ali
umal awe kinkamisaj wib'.

Xane k'u ri at
katel ch'uj chwij.

Quero-te

Eu te quero
como antes,
desde antes,
como nunca antes.

Estarei louco?
Talvez.

Uma pessoa em seu juízo perfeito
não amaria desse jeito.

Bela

Bela
eu por ti me mato,

e tu
por mim mata-te.

Aj b'isonik

Xa are utz wa xakinb'isonik.

Xwi ri tzinowik kinnutas
che ri kamikal.

Way, chike ri k'o kikotemal chike!

Are jampa' kopan ri kamikal
rajawaxik ke'ok'ow na pa ri b'isonik.

Naj naj

Pa wa jun ch'utin tinimit
juntira naj, naj kakanaj wi:

ri wa,
ri wuj, ri tz'ib',
ri tz'yaq...

O triste

Eu prefiro ser triste.

Da morte só me separa
o silêncio.

Ah, os alegres!

Para chegar à morte
têm de passar
pela tristeza.

Distâncias

Neste país pequenino
tudo fica longe:

a comida,
as letras,
a roupa...

Man k'o ta ukunub'alil

Rumal man k'ota xinweta'maj *jub'iq'*
che xinb'an ta jun *nim achi*,
kinnimaj wib' chi in ajtz'ib'
xa are chi' kok'ow taq ri q'ij.

Xa mox winaq ri ki kib'an la',
chak ke winaq ri man ke'num taj,
xb'ix chuwe jun mul.

K'o chi nik'yaj kexik'anik
man kub'an ta ri q'ij chike,
kikib'an pwaq'.

Ri in, kinb'an aqajtzij.

Jas ri upatan ri aqajtzij?

Janik'.

Sem solução

Como não pude aprender *algo*
para chegar a ser *alguém,*
eu me dedico a bancar o escritor
para matar o tempo.

Distração de loucos,
ofício de famintos,
disseram-me uma vez.

Outros correm,
invertem o dia
fazendo dinheiro.

Eu faço poesia.

Para que serve a poesia?

Sabe-se lá.

Biografia do autor

Humberto Ak'abal nasceu em Momostenango, Totonicapán, na Guatemala, no ano de 1952. Filho e neto de xamã de uma comunidade maia de idioma Quiché, herdou da família a espiritualidade, a tradição, o pensamento e a história de seus antepassados. Atualmente é um dos poetas guatemaltecos mais conhecidos na Europa e na América Latina. Para que sua obra esteja ao alcance de todos, ele mesmo traduz seus poemas para o espanhol. Em 1995 recebeu o diploma *emeritissimum* pela Faculdade de Humanidades da Universidade de San Carlos da Guatemala. Recebeu o Prêmio Internacional de Poesia Blaise Cendrars na Suíça, em 1997, e o Prêmio Continental "Canto da América", da Unesco, em 1998. Seus poemas têm sido publicados em revistas e jornais da Guatemala, América Central, México, Estados Unidos, Venezuela, Brasil, Colômbia, Espanha, França, Áustria, Suíça, Alemanha e Itália. Tem mais de dezoito livros publicados no mundo todo, tendo sido traduzidos para inglês, francês, alemão, italiano, japonês, catalão, sueco e agora para o português.